El panteón
DE LA
patria

CALAVERAS DE LA INDEPENDENCIA

Eduardo Bustos
Ilustraciones de Leticia Barradas

 Consejo Nacional para la Cultura y las Artes

Libros del Alba

El panteón de la patria. Calaveras de la Independencia
Artes de México, 2008
Primera edición

TÍTULO DEL PROYECTO ORIGINAL: *La Independencia*

EDICIÓN: Margarita de Orellana
COORDINACIÓN EDITORIAL: Gabriela Olmos
DISEÑO: Yarely Torres
ASISTENCIA EDITORIAL: María Luisa Cárdenas, Sergio Hernández Roura
CORRECCIÓN: Juan Carlos Atilano
ASESORÍA HISTÓRICA: Guadalupe Jiménez Codinach
AGRADECIMIENTO ESPECIAL: Olivia Ávila

Como libro en encuadernación rústica:
ISBN: 978-970-683-329-7, Artes de México
ISBN: 978-970-35-1458-8, Consejo Nacional para la Cultura y las Artes

Como libro en pasta dura:
ISBN: 978-970-683-328-0, Artes de México
ISBN: 978-970-35-1467-0, Consejo Nacional para la Cultura y las Artes

Impreso en China

PRÓLOGO

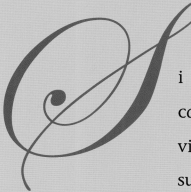

i hay algo que divierte a los muertos es escuchar las calaveras que los vivos les escribimos cada 1 y 2 de noviembre. Tal vez, al oír estos versos, los difuntos evoquen sus años de vida con nostalgia y algo de alegría. Ésta debe ser una experiencia gozosa para cualquier muerto. Pero quienes fueron héroes deben disfrutarla más, pues quizá en esos momentos descubran la importancia que tuvieron para nosotros, los vivos.

Pensando en ellos, Artes de México y el Consejo Nacional para la Cultura y las Artes hemos preparado esta edición de calaveras sobre los personajes de nuestra Independencia. Estas páginas pueden servirte como una divertida lección de historia, pues al repetir estos versos una y otra vez, puedes conocer un poco de la verdadera historia de la Independencia. Y, quizás, hasta logres arrancar una carcajada a nuestros héroes. Desde su panteón ilustre, ellos te estarán muy agradecidos.

De la patria nuestro padre,
al darnos la libertad,
nos mostró la realidad
que hoy nuestro destino labre.
Dio ejemplo que nunca es tarde
para exigir un derecho:
Hidalgo desde su lecho
grita por la Independencia,
para que hagamos conciencia
por tan trascendental hecho.

JUAN ALDAMA

Descanso en tumba, no en cama,
pues cabalgué tantos años
para reparar los daños
de la represión tirana.
Mi nombre fue Juan Aldama,
aquel que avisó en Dolores
a Hidalgo y sus seguidores,
que se descubrió el secreto
por el que el pueblo completo
encaró a los opresores.

ran "movedor" fui a tropel
contra Francia y sus aliados,
y el ataque vi iniciado
que se gestó en San Miguel.
Siendo criollo y siempre fiel,
ante el llamado del cura
nos unimos con premura
para guiar al contingente
que con palos haría frente
una madrugada dura.

MARIANO
ABASOLO

Si entre osamentas me enrolo,
mi personaje aún desfila,
ya que hice "fuerte" a la fila
y "El zorro" no peleó solo.
Habla Mariano Abasolo,
que, junto a Allende, en un puente
encarara osadamente
a los realistas armados.
Y aunque ahí fuimos derrotados
no perdimos lo valiente.

¿El Pípila?

El Pípila me apodaron,
¿Juan José Martínez fui?,
les doy un relato aquí,
que a Bustamante otorgaron.
Los españoles entraron
a la Alhóndiga en encierro,
y yo sin arma de hierro,
con losa de piedra a cuestas,
a gatas, incendié puertas
para vencerlos sin yerro.

JOSEFA ORTIZ DE DOMÍNGUEZ

Recuerdos de Nueva España
me he llevado a ésta, mi tumba,
así la historia no arrumba
la que fue mi gran hazaña,
pues logré encontrar la maña
de reunir a la insurgencia,
y ante inminente emergencia,
con el zapato di aviso,
por el que el pueblo sumiso
se levantó a hacer presencia.

i tumba está ya muy vieja,
tal vez porque fui adversario,
aprehendiendo, sanguinario,
a los rebeldes con queja.
Soy Félix María Calleja,
quien llegara a este país
con ansias de echar raíz
para imponerle mi ley,
y en tanto yo fui virrey
lo volví muy infeliz.

JOSÉ MARÍA MORELOS Y PAVÓN

Soy un héroe nacional
de aquel peso y filatelia.
Valladolid, hoy Morelia,
fue mi terruño natal.
Tuve un heroico final,
con orgullo y sin recelos,
vi cumplidos mis anhelos.
Muriendo sin rendición,
fui el Siervo de la Nación,
don José María Morelos.

Aun de oficio parroquial,
de mi lápida se escucha:
"¡Éste también fue a la lucha
por la Independencia real!"
A Morelos fue muy leal,
dándole en Cuautla mi apoyo.
Sin entrar en más embrollo,
¡zas! que lo asciende a teniente
para adiestrar a más gente
contra el virrey y su "rollo".

HERMENEGILDO GALEANA

erecí por mi ideal,
pasé galopa y galopa,
pues fui parte de la tropa
de Morelos, general.
Vencí en batalla campal
al frente español realista,
a Oaxaca di conquista
por ver tierra soberana.
Fui Hermenegildo Galeana,
otro héroe más de la lista.

Con honores sepultado,
ya de mi tumba no salgo.
Fui secretario de Hidalgo,
estuve en lucha a su lado
y pude ver publicado
e impreso *El Despertador*,
que expresaba aquel fervor
de abolir la servidumbre,
con lucha, pólvora y lumbre
para una vida mejor.

NICOLÁS BRAVO

Patriota comprometido,
llegué aquí del más allá,
pues he de contarles ya
que me negué a ser vencido.
Bravo, como mi apellido,
combatí junto a Galeana
de noche, tarde y mañana,
defendiendo a mi nación
contra la hostil opresión
y la servidumbre humana.

ANASTASIO BUSTAMANTE

No me juzguen aquí muerto
porque fui también realista,
mas nunca perdí de vista
que había un México despierto.
Y así me alié con acierto
al famoso Plan de Iguala,
firmando sin antesala
por esas tres garantías,
que fueron filiales guías
y la nación las avala.

ANDRÉS QUINTANA ROO

Poeta de la Independencia
que en ésta participó,
aquí Andrés Quintana Roo
les hace acto de presencia.
De las letras fui eminencia,
con una semblanza oronda,
que en la insurgencia se ahonda,
junto con Leona, mi esposa,
con quien comparto la fosa
en tan gloriosa rotonda.

LEONA VICARIO

Soy la heroína nacional
que habla desde el inframundo,
y si en nuestra historia abundo
podré ser dama inmortal.
Apoyé a carta cabal
a la causa libertaria
por la situación precaria
que vivía mi España Nueva,
queriendo poner a prueba
su dignidad legendaria.

XAVIER MINA

Me mataron por traidor,
pero así no fue la historia,
mas guardará mi memoria
lo que yo hice por amor.
Ser invasor es peor,
como Napoleón hiciera,
a una nación extranjera,
robarle con tal barbarie
sus tierras, aguas, el aire
y su soberanía entera.

SERVANDO TERESA DE MIER

Ando en huesos recordando
aquel tan bélico brote,
y aunque yo fui un sacerdote
con Mina me fui integrando
para enfrentar a Fernando
junto a su ansia de poder,
pues libre buscamos ver
del gobierno y tal patraña
a aquella la Nueva España
cual principal menester.

JUAN RUIZ DE APODACA

Español siempre obstinado
en mi persona destaca,
yo fui Juan Ruiz de Apodaca,
aquel virrey derrotado
por aquel plan bien trazado
que en Iguala fuera escrito.
En conde de Venadito,
me convertí al morir Mina,
provocándome esto muina
como un hecho no fortuito.

Sin que me envuelva un sudario
fui obstinado combatiente
que a Galeana fue obediente
por vencer al adversario.
Y dice mi anecdotario,
que para un triunfo certero,
a mi padre dieron fuero
para obtener mi amnistía,
mas le contesté ese día,
que ¡la patria era primero!

Enterrado en catedral
sólo quedó mi esqueleto,
el de un político inquieto
valeroso general.
A cual más muy liberal,
logrando entablar el pacto
que reconocía en el acto
un México sin cadena,
con independencia plena
de trascendental impacto.

JUAN O´DONOJÚ

Sólo quedó mi esqueleto,
yo fui el último español
que pudo ocupar el rol,
de ser virrey de respeto.
Además, firmé el decreto
por el que reconocía
que México al fin podría
consumar su Independencia,
y un triunfo fue la querencia
que el pueblo tanto pedía.

Tratado de Córdoba

AGUSTÍN DE ITURBIDE

unque ataqué a la insurgencia
cual coronel de milicia,
abogué por la justicia,
y me convencí en esencia.
Consumé la Independencia
en paz, y con un abrazo
que a España le dio su ocaso
al firmarse el gran tratado,
verde, blanco y colorado,
que a la libertad dio paso.

NECROGRAFÍAS

MARIANO ABASOLO (1783-1816), al igual que Ignacio Allende y Juan Aldama, formaba parte del Regimiento de Dragones Provinciales de la Reina de San Miguel el Grande, y lo mismo que ellos, se levantó en armas el 16 de septiembre. Fue atrapado junto con los otros jefes insurgentes, pero su esposa consiguió que sólo fuera desterrado. Murió en el castillo de Santa Catalina, en Cádiz, España.

JUAN JOSEPH ALDAMA (1774?-1811) fue capitán en el Regimiento de Caballería de los Dragones de la Reina. Dio aviso a Hidalgo y a Allende de que habían sido descubiertos y los acompañó en el levantamiento armado. Entre otras batallas participó en la de Monte de las Cruces y en la de Puente de Calderón. Fue aprehendido junto con los demás jefes insurgentes y fusilado en Chihuahua el 26 de junio de 1811.

IGNACIO ALLENDE Y UNZAGA (1769-1811) nació en la villa de San Miguel el Grande, hoy San Miguel de Allende, el 21 de enero de 1769. Fue el quinto hijo de don Domingo de Allende y doña María Ana de Unzaga, ambos de origen vasco. Era sociable y de agradable presencia, muy querido por sus paisanos. En 1795 ingresó al Regimiento de Dragones de la Reina. Para 1806 se encontraba con su regimiento en Jalapa, donde se reunían varios jóvenes de milicias. En 1808 se indignó por la prisión del virrey José de Iturrigaray a manos de un grupo de españoles. Regresó a la villa de San Miguel, donde organizó una junta secreta que llegó a tener más de sesenta miembros. Apalabró a muchos en diversas villas y ciudades, entre ellos al sacerdote Miguel Hidalgo y a los conjurados de Querétaro. Al descubrirse la conspiración tanto en Querétaro como en Guanajuato, Allende se dirigió a Dolores para avisarle a Hidalgo, quien había sido escogido para dar la voz de insurrección por ser sacerdote conocido y querido de sus fieles. Durante el levantamiento intentó poner orden, evitar saqueos y asesinatos. Entre Allende e Hidalgo hubo fricciones que se acrecentaron hasta que, después de la batalla de Puente de Calderón, en la que fueron derrotados, huyeron al norte e Hidalgo fue depuesto del mando, que recayó en Allende.

Preso en Acatita de Baján y enviado a la villa de Chihuahua, fue fusilado el 26 de junio de 1811. Según el fiscal Rafael Bracho, Allende "fue el primer movedor de la revolución", el primero y principal organizador de la insurrección.

NICOLÁS BRAVO (1792-1854) luchó al lado de Morelos en el sur. En Veracruz fue avisado de la ejecución de su padre. A la muerte de Morelos, permaneció encarcelado de 1817 a 1820, después de lo cual fue a Cuernavaca y se adhirió al Plan de Iguala. Formó parte de la Segunda Regencia y gobernó al lado de Guadalupe Victoria y Pedro Celestino Negrete de 1823 a 1824. Suplió en la presidencia a Santa Anna (1839) y a Paredes (1842). Fue apresado en la defensa de Chapultepec en 1847. Murió en Chilpancingo el 22 de abril de 1854.

ANASTASIO BUSTAMANTE (1770-1853) nació en Jiquilpan, obispado de Michoacán. Estudió en Guadalajara y en la ciudad de México la carrera de medicina. Fue director del Hospital de San Juan de Dios en San Luis

Potosí. Ingresó al ejército realista a raíz de la invasión napoleónica de España. Estuvo en las batallas de Aculco, Puente de Calderón y en el sitio de Cuautla en 1812. Se unió al plan de Independencia de Iturbide en 1821. Ordenó bajar las cabezas de Hidalgo, Allende, Jiménez y Aldama de la Alhóndiga de Granaditas y les dieron solemne sepultura en el cementerio de San Sebastián. Fue miembro de la Junta Provisional Gubernativa, primera autoridad del México independiente en 1821 y presidente de la República mexicana dos veces. Murió en San Miguel de Allende en 1853.

CARLOS MARÍA BUSTAMANTE (1774-1848) fue escritor, periodista y director del *Diario de México* en 1805. Se unió a Morelos como *brigadier* e inspector general de caballería después de que, en 1812, el virrey clausurara su periódico satírico *El Juguetillo*. Participó en el Congreso de Chilpancingo (1813). De 1817 a 1819 permaneció encerrado en San Juan de Ulúa. Fue diputado en el primer Congreso Constituyente de 1822. Murió en 1848 muy triste por la invasión norteamericana a México.

FÉLIX MARÍA CALLEJA (1755-1828) fue un militar realista nacido en Valladolid, España. Derrotó a Hidalgo en Puente de Calderón y a Morelos en Cuautla. Fue virrey de 1813 a 1816. Regresó a España, donde recibió el título de conde de Calderón. Falleció en Valencia.

HERMENEGILDO GALEANA (1762-1814) se unió al ejército de Morelos el 7 de noviembre de 1810. Combatió en las batallas de Taxco, Tenancingo, Cuautla, Orizaba, Oaxaca y Acapulco, entre otras, y participó en el Congreso de Chilpancingo. Murió el 27 de junio de 1814. Su cabeza fue expuesta en el pueblo de Coyuca.

VICENTE GUERRERO (1783-1831) nació en Tixtla y fue hijo de padres humildes. De joven se dedicó a la arriería. Combatió en el sur de Puebla y participó en la toma de Oaxaca. No aceptó la amnistía del virrey Apodaca y continuó la lucha con pequeños destacamentos guerrilleros. A la muerte de Morelos mantuvo la lucha armada. En marzo de 1821 se reunió en Teloloapan con Agustín de Iturbide y apoyó el Plan de Iguala, proclamado el 24 de febrero. Fue general trigarante y consumó la Independencia con Iturbide, quien le concedió la Gran Cruz de la Orden de Guadalupe. En 1829 fue presidente de la República. En 1831, después de ser juzgado en un consejo de guerra, fue fusilado en Cuilapan, Oaxaca.

MIGUEL HIDALGO Y COSTILLA (1753-1811) nació en la Hacienda de Corralejo, cercana a Pénjamo, en la Provincia de Guanajuato. Fue el segundo hijo de Cristóbal Hidalgo y Ana María Gallaga. En 1765 ingresó, junto con su hermano José Joaquín, al Colegio de San Nicolás en Valladolid (hoy Morelia) y asistió a clases en el Colegio jesuita hasta 1767, año en que estos religiosos fueron expulsados por orden de Carlos III. Fue maestro y rector del Colegio de San Nicolás y más tarde cura párroco de Colima (1792), de San Felipe Torresmochas (1793) y del pueblo de Dolores (1803-1810). Hidalgo era un sacerdote ilustrado que promovió las artes e industrias en sus curatos. Conocía varios idiomas, tocaba el violín, organizaba obras de teatro y se dedicaba a las labores del campo en su hacienda de Santa Rosa Jaripeo. Ignacio Allende lo animó a participar en los trabajos de la junta secreta de San Miguel el Grande, en la que se decidió que diera Hidalgo la voz de insurrección. El levantamiento tuvo que anticiparse y el domingo 16 de septiembre se inició en Dolores. Desde aquel día Hidalgo tomó el mando y no lo dejó sino hasta 1811. Fue detenido en Acatita de Baján el 21 de marzo de 1811. Preso en el Real Hospital Militar de Chihuahua, fue fusilado el 30 de julio de 1811 y su cabeza cercenada y enviada a Guanajuato. Los franciscanos enterraron su cadáver en la capilla de San Antonio. No murió excomulgado.

AGUSTÍN DE ITURBIDE (1783-1824) nació en Valladolid, hoy Morelia, el 27 de septiembre de 1783. Por parte de su madre era pariente de Miguel Hidalgo y Costilla. Estudió en el seminario de Valladolid pero a los quince años se hizo cargo de una hacienda de su padre. Era un excelente jinete y entró al Regimiento de Infantería Provincial de Valladolid. Contrajo matrimonio con Ana María Duarte, con la cual tuvo diez hijos. En octubre de 1810, al pasar Hidalgo por Valladolid, ofreció a Iturbide el cargo de teniente general, pero el joven lo rechazó y luchó contra la insurgencia en las filas realistas. En 1816 se retiró a la hacienda de Chalco, antigua edificación jesuita que le rentó el gobierno, y fue hasta 1820 cuando preparó un plan de Independencia que fue proclamado en Iguala el 24 de febrero de 1821. Se puso de acuerdo con Vicente Guerrero y el 27 de septiembre de 1821 el Ejército Trigarante consumó la Independencia de Nueva España, ahora llamada Imperio Mexicano. Rechazado el Plan de Iguala por España, Iturbide fue nombrado emperador constitucional de México el 19 de mayo de 1822 por el Congreso Nacional. Iturbide abdicó el 19 de marzo del siguiente año y se fue al exilio con su familia. Al regresar a México en julio de 1824 fue fusilado en Padilla, Tamaulipas.

IGNACIO LÓPEZ RAYÓN (1773-1832) se unió a Hidalgo y se volvió su secretario. Promovió en Guadalajara la publicación del *El Despertador Americano*. A la muerte de Hidalgo y Allende regresó a Michoacán, donde continuó luchando. En 1813 participó en el Congreso encabezado por Morelos en Chilpancingo. Fue hecho prisionero y permaneció así hasta 1820. Una vez consumada la Independencia fue tesorero de San Luis Potosí, comandante general de Jalisco y magistrado del Supremo Tribunal de Guerra. Falleció en la ciudad de México, el 2 de febrero de 1832.

MARIANO MATAMOROS (1770-1814) fue un sacerdote que fungió como brazo derecho de Morelos en 1811 y permaneció con él hasta 1814, año en que fue apresado. Morelos ofreció a Calleja la vida de doscientos hombres a cambio de la liberación de Matamoros, pero el realista no aceptó. Matamoros fue ejecutado en Valladolid. Era un gran organizador con cualidades para mandar.

XAVIER MINA (1789-1817) nació en Navarra, España. Formó parte de la resistencia contra la invasión napoleónica en 1808. Organizó la guerrilla contra los invasores franceses, que lo llamaron el Príncipe de los Guerrilleros. En Inglaterra conoció a Servando Teresa de Mier, con quien desembarcó en Soto la Marina para luchar por la Independencia. Después de varios triunfos fue capturado y fusilado en 1817.

JOSÉ MARÍA MORELOS Y PAVÓN (1765-1815), conocido como el "Siervo de la Nación", fue cura párroco de Carácuaro. Luego de unirse a Hidalgo, de quien fuera alumno, fue comisionado de encabezar la insurrección en la zona sur del país. Preparó un ejército y tomó Acapulco, convocó e instaló el Congreso de Chilpancingo el 12 de septiembre de 1813, en el que dio a conocer sus *Sentimientos de la Nación*. Fue hecho prisionero y sometido a juicio civil y eclesiástico. Fue fusilado el 22 de diciembre de 1815.

JUAN O'DONOJÚ (1762-1821) fue un militar liberal nacido en Sevilla, España. Se le ha considerado el último virrey, ya que fue designado jefe político de la

Nueva España con todas las capacidades y garantías de que gozaba el cargo. Llegó a México en 1821. Firmó con Iturbide los Tratados de Córdoba el 24 de agosto, aunque éstos no fueron aceptados por España. Murió de un padecimiento pulmonar en octubre de 1821 y fue enterrado en la catedral de México.

JOSEFA ORTIZ DE DOMÍNGUEZ (1768-1829) estuvo casada con don Miguel Domínguez, corregidor de Querétaro, a quien convenció de unirse a la causa independentista. Conspiraban en contra de las autoridades virreinales en reuniones que aparentaban ser tertulias literarias. Una vez delatada la conjura, la corregidora mandó alertar a Allende. Murió a los 61 años víctima de pleuresía.

EL "PÍPILA" fue un personaje creado por Carlos María de Bustamante, quien lo describe en la toma de la Alhóndiga de Granaditas, en Guanajuato, con una losa en la espalda para cubrirse de las balas de los españoles atrincherados en este recinto. Supuestamente se acercó a la puerta y le prendió fuego con una antorcha. En realidad varios hombres incendiaron la puerta de la Alhóndiga.

ANDRÉS QUINTANA ROO (1787-1851) estudió leyes. Se unió a Ignacio López Rayón en Tlalpujahua. Presidió la Asamblea Nacional Constituyente o Congreso de Chilpancingo, que declaró la Independencia en 1813. Se acogió al indulto en 1818 y permaneció en Toluca hasta 1820. Luego Iturbide lo nombró subsecretario de Relaciones Interiores y Exteriores. Murió en la ciudad de México.

JUAN RUIZ DE APODACA (1754-1835) fue un militar nacido en Cádiz, España. Fue gobernador de Cuba y virrey de Nueva España en 1816. Ofreció indulto a los insurrectos. Se le dio el título de Conde de Venadito después del encierro y muerte de Xavier Mina, aprehendido en el rancho del Venadito. Regresó a España en 1821, donde permaneció hasta su muerte.

SERVANDO TERESA DE MIER (1765-1827) nació en Monterrey el 18 de octubre de 1765. Por parte de su madre descendía de los primeros conquistadores del reino de Nuevo León. En 1781 ingresó en la orden dominica. Fue desterrado a España por un discurso en el que ponía en duda las apariciones de la virgen de Guadalupe. En Londres conoció a Xavier Mina, con quien marchó a Nueva España para luchar por la Independencia, pero fue apresado. Escapó y fue perseguido y hecho preso en diversas ocasiones. En 1822 regresó a México y fue diputado del Congreso por Nuevo León. Pasó sus últimos días en Palacio Nacional, donde murió en 1827.

LEONA VICARIO (1789-1842), huérfana desde niña, fue educada por su tío, con quien trabajaba como pasante Andrés Quintana Roo, quien se convirtió en su novio. Andrés se fue con los insurgentes y ella le mandaba dinero e informes sobre los realistas. Fue descubierta e intentó escapar para unirse a Quintana Roo, pero fue capturada y encarcelada en el colegio de Belén de las Mochas, de donde escapó. Contrajo matrimonio con Quintana Roo. La pareja se acogió al indulto. Sus acciones fueron recompensadas en 1822 con la hacienda de Ocotepec y tres casas en la ciudad de México. Leona falleció en México el 21 de agosto de 1842.

GUADALUPE VICTORIA (1785-1842), su verdadero nombre era José Miguel Fernández Félix. Nació en Tamazula (hoy en el estado de Durango) el 29 de septiembre de 1785. En 1811 se unió a Morelos. Continuó luchando en Veracruz sin aceptar la amnistía de Apodaca y permaneció oculto hasta 1821. Se le llamó el "General Cuevita". Se unió al Ejército Trigarante. Fue el primer presidente de México. Logró la rendición de San Juan de Ulúa en 1825 y decretó la expulsión de españoles en 1827. Después de un largo padecimiento, murió de un infarto en la fortaleza de Perote.